Catalogue

CATALOGUE

UNION DES FEMMES PEINTRES & SCULPTEURS

Catalogue

DES

ŒUVRES DE MLLE BASHKIRTSEFF

—

1885

PARIS

LIBRAIRIE D'ART
LUDOVIC BASCHET, ÉDITEUR

PRÉFACE

L'été dernier, j'allai saluer une dame russe de mes amies, de passage à Paris, à qui Mme Bashkirtseff donnait l'hospitalité dans son hôtel de la rue Ampère.

Je trouvai là une compagnie très sympathique : rien que des dames et des jeunes filles, toutes parlant à merveille le français, avec ce peu d'accent qui donne à notre langue, dans la bouche des Russes, on ne sait quelle gracieuse mollesse.

L'accueil que je reçus fut cordial dans cet aimable milieu, où tout respirait le bonheur. Mais, à peine assis non loin du samovar, une tasse de thé à la main, je tombai en arrêt d'admiration devant un grand portrait, celui d'une des jeunes filles présentes, portrait d'une ressemblance parfaite, librement et largement traité, avec la fougue de pinceau d'un maître.

« C'est ma fille Marie, me dit Mme Bashkirtseff, qui a fait ce portrait de sa cousine. »

J'avais commencé une phrase élogieuse; je ne pus pas l'achever. Une autre toile, puis une autre, puis encore une autre, m'attiraient, me révélaient une artiste exceptionnelle. J'allais, charmé, de tableau en tableau, — les murs du salon en étaient couverts — et, à chacune de mes exclamations d'heureuse surprise, Mme Bashkirtseff me répétait, avec une émotion dans la voix, où il y avait encore plus de tendresse que d'orgueil :

« C'est de ma fille Marie !... C'est de ma fille ! .. »

En ce moment, Mlle Marie Bashkirtseff survint. Je ne l'ai vue qu'une fois, je ne l'ai vue qu'une heure... Je ne l'oublierai jamais.

A vingt-trois ans, elle paraissait bien plus jeune. Presque petite, mais de proportions harmonieuses, le visage rond et d'un modelé exquis, les cheveux blond-paille avec de sombres yeux comme brûlés de pensée, des yeux dévorés du désir de voir et de connaître, la bouche ferme, bonne et rêveuse, les narines vibrantes d'un cheval sauvage de l'Ukraine, Mlle Marie Bashkirtseff donnait, au premier coup d'œil, cette sensation si rare : la volonté dans la douceur, l'énergie dans la grâce. Tout, en cette adorable enfant, trahissait l'esprit supérieur; sous ce charme féminin, on sentait une puissance de fer, vraiment virile ; — et l'on songeait au présent d'Ulysse à l'adolescent Achille : une épée cachée parmi des parures de femme.

A mes félicitations, elle répondit d'une voix loyale et bien timbrée, sans fausse modestie, avouant ses belles ambitions et — pauvre être marqué déjà pour la mort! — son impatience de la gloire.

Pour voir ses autres ouvrages, nous montâmes tous dans son atelier. C'est là que l'étrange fille se comprenait tout à fait.

Le vaste « hall » était divisé en deux parties : l'atelier proprement dit, où le large châssis versait la lumière, et, plus sombre, un retrait encombré de papiers et de livres. Ici, elle travaillait; là, elle lisait.

D'instinct, j'allai tout droit au chef-d'œuvre, à ce « Meeting » qui sollicita toutes les attentions, au dernier Salon : un groupe de gamins de Paris causant gravement entre eux, — de quelque espièglerie, sans doute, — devant un enclos de planches, dans un coin de faubourg. C'est un chef-d'œuvre, je maintiens le mot. Les physionomies, les attitudes des enfants sont de la vérité pure; le bout de paysage, si navré, résume la tristesse des quartiers perdus. A l'Exposition, devant ce charmant tableau, le public avait décerné, d'une voix unanime, la médaille à Mlle Bashkirtseff, déjà mentionnée l'année précédente. Pourquoi ce verdict n'avait-il pas été ratifié par le jury? Parce que l'artiste était étrangère? Qui sait? Peut-être à cause de sa grande fortune? Elle souffrait de cette injustice et voulait, la noble enfant, se venger en redoublant d'efforts. En une heure, je vis là vingt toiles commencées, cent projets : des dessins, des études peintes, l'ébauche d'une statue, des portraits qui me firent murmurer le nom de Frans Hals, des scènes vues et prises en pleine rue, en pleine vie, une grande esquisse de paysage notamment, — la brume d'octobre au bord de l'eau, les arbres à demi dépouillés, les grandes feuilles jaunes jonchant le sol ; — enfin toute une œuvre, où se cherchait sans cesse, où s'affirmait presque toujours le sentiment d'art le plus original et le plus sincère, le talent le plus personnel.

Cependant une vive curiosité m'appelait vers le coin obscur de l'atelier, où j'apercevais confusément de nombreux volumes, en désordre sur des rayons, épars sur une table de travail. Je m'approchai et je regardai les titres. C'étaient ceux des chefs-d'œuvre de l'esprit humain. Ils étaient tous là, dans leur langue originale, les français, les italiens, les anglais, les allemands, et les latins aussi, et les grecs eux-mêmes ; et ce n'étaient point des « livres de bibliothèque », comme disent les Philistins, des livres de parade, mais de vrais bouquins d'étude fatigués, usés, lus et relus. Un Platon était ouvert sur le bureau, à une page sublime.

Devant ma stupéfaction, Mlle Bashkirtseff baissait les yeux, comme confuse et craignant de passer pour pédante, tandis que sa mère, pleine de joie, me disait l'instruction encyclopédique de sa fille, me montrait ses gros cahiers, noirs de notes, et le piano ouvert où ses belles mains avaient déchiffré toutes les musiques.

Décidément gênée par l'exubérance de la fierté maternelle, la jeune artiste interrompit alors l'entretien par une plaisanterie. Il était temps de me retirer, et, du reste, depuis un instant, j'éprouvais un vague malaise moral, une sorte d'effroi, je n'ose dire un pressentiment. Devant cette pâle et ardente jeune fille, je songeais à quelque extraordinaire fleur de serre, belle et parfumée jusqu'au prodige, et, tout au fond de moi, une voix secrète murmurait : « C'est trop ! »

Hélas ! C'était trop, en effet.

Peu de mois après mon unique visite rue Ampère, étant loin de Paris, je reçus le sinistre billet encadré de noir qui m'apprenait que Mlle Bashkirtseff n'était plus. Elle était morte, à vingt-trois ans, d'un refroidissement pris en faisant une étude de plein air.

J'ai revu la maison désolée. La malheureuse mère, en proie à une douleur haletante et sèche, qui ne peut pas pleurer, m'a montré, pour la deuxième fois, aux mêmes places, les tableaux et les livres; elle m'a parlé longuement de la pauvre morte, m'a révélé les trésors de bonté de ce cœur que n'avait point étouffé l'intelligence. Elle m'a mené, secouée par ses sanglots arides, jusque dans la chambre virginale, devant le petit lit de fer, le lit de soldat, où s'est endormie pour toujours l'héroïque enfant. Enfin elle m'a appris que tous les ouvrages de sa fille allaient être exposés, elle m'a demandé, pour ce catalogue, quelques pages de préface, et j'aurais voulu les écrire avec des mots brûlants comme des larmes.

Mais qu'est-il besoin d'insister auprès du public? En présence des œuvres de Marie Bashkirtseff, devant cette moisson d'espérances couchée par le vent de la mort, il éprouvera certainement, avec une émotion aussi poignante que la mienne, l'affreuse mélancolie qu'inspirent les édifices écroulés avant leur achèvement, les ruines neuves, à peine sorties du sol, que le lierre et les fleurs des murailles ne cachent point encore.

Que dire, surtout, à la mère, dont le désespoir fait mal et fait peur? A peine ose-t-on la supplier, en lui montrant le Ciel, de détourner ses regards de l'impassible nature, qui ne livre à personne le mystère de ses lois et ne dit même pas si elle a besoin du génie naissant d'une jeune fille pour augmenter l'éclat et la pureté d'une étoile.

François Coppée.

Paris, 9 février 1885.

PORTRAIT DE Melle DE B...

ATELIER DE Mlle BASHKIRTSEFF

MARIE BASHKIRTSEFF

« Elle avait la splendeur des astres et des roses ». Son talent, éclos au soleil de la jeunesse, s'épanouissait dans la fraîcheur et l'énergie du printemps. Sa beauté blonde, éclairée par ses grands yeux bleus, semblait faite pour toutes les couronnes.

On aurait cru Marie Bashkirtseff destinée à briller dans l'éclat du triomphe au grand jour de la célébrité! En pleine fleur, en pleine espérance, en pleine joie, travaillant à un tableau qui devait étonner les plus difficiles, heureuse, adorée, près d'une mère incomparable, entourée d'amis, tout à coup, l'enfant a pâli, ses pinceaux se sont échappés de ses mains, elle s'est étendue pour ne pas se relever et la mort est venue, la mort cruelle, prompte, implacable!

De cette maison de fête, elle a fait une maison de deuil, de ces roses, elle a fait des cyprès, de cette robe blanche de jeune fille, elle a fait un suaire et de cette gloire naissante, elle a fait des cendres... Pauvre enfant! et plus malheureuse mère! Pourquoi Dieu l'a-t-il prise à celle qui ne vivait que par elle et pour elle?

Cela, c'est le grand mystère. Il faut se taire et s'incliner. Toujours les êtres de lumière disparaissent avant le temps, comme si le Ciel était jaloux de la terre. Ces enfants d'élection passent comme des lueurs et s'envolent...

La croyance des siècles a consacré ces jeunes âmes fugitives en disant : « Ceux qui meurent jeunes sont aimés de Dieu! »

Marie Bashkirtseff naquit près de Poltawa dans les domaines de ses parents. Son père était maréchal de la noblesse de Poltawa.

Son intelligence prodigieuse s'éveilla dès ses premières années. Comme les petites princesses du temps des Valois, elle apprit le latin et le grec. Elle parla avec une égale facilité : le russe, le français, l'anglais, l'allemand et l'italien.

Cette mémoire retenait tout, cette imagination s'élançait vers les plus lointains espaces, ces beaux yeux voyaient la nature avec une justesse et une clarté singulières. Éprise de littérature, de peinture, de musique, elle ne connut pas dans sa vie un instant de repos. Dévorée du feu sacré, elle eut comme les vrais grands artistes des dons et des facultés pour cultiver tous les arts.

Elle écrivit ses mémoires. Commencés à l'âge de dix ans, ils forment vingt volumes. C'est une des plus étonnantes œuvres féminines qu'il m'ait été donné de connaître. Écrits au jour le jour, en un français naturel et coloré, ils redisent les rêves, les impressions, les railleries, les tendresses, la profondeur de philosophie de cette âme de femme, dont la vie fut si courte et les aspirations si hautes.

La pureté de ce cœur d'enfant se mêle à la flamme de l'imagination pour produire, au courant de ces pages rapides, des pensées qui sont des chefs-d'œuvre.

Musicienne jusqu'aux moelles, elle traduisait par des improvisations mélodiques ce qu'elle se sentait impuissante à exprimer par des paroles. Tous les instruments lui étaient familiers : le piano, la harpe, la guitare, la mandoline, l'orgue.

Ce fut pourtant la peinture qui eut l'honneur de captiver cette jeune inspirée. A partir du moment où le dieu de la forme, de l'air, de la couleur et de la vérité l'eut saisie, elle devint son disciple fidèle, elle fut peintre avec passion!

En arrivant à Paris en 1878, elle alla visiter l'atelier de M. Julian, elle n'avait jamais dessiné de sa vie. Après onze mois de travail, elle obtint la médaille au concours, jugé par MM. Robert-Fleury, Bouguereau, Lefèvre, Boulanger et Cot.

Quelques mois après, au Salon de peinture, elle exposait le *Portrait de sa Cousine*, signé : Marie Constantin; en 1881, *l'atelier Julian*, signé Andrey; en 1883, *Jean et Jacques, la Parisienne*, et un pastel, et elle recevait du jury, si sévère pour les femmes, une mention honorable. Enfin, en 1884, elle envoyait au Salon un *Meeting* de gamins, devant lequel s'amassait la foule. Il y avait là des têtes, des expressions d'un vrai si étonnant, d'une vie si intense, que les pinceaux les plus fameux dans l'art du plein air les eussent signés.

C'est en terminant son dernier tableau, *la Rue*, que la pauvre enfant, déjà épuisée par un excès de travail, prit froid et que la maladie eut raison de ce corps fragile, où brûlait une âme de feu.

Elle avait à peine vingt-trois ans!

Elle laisse plus de cent cinquante tableaux ou dessins, quelques sculptures et des Mémoires qui vont paraître.

Ses œuvres vont être exposées dans une salle à part de l'Exposition des Femmes peintres. Elles affirmeront la richesse et l'éclat de ce jeune talent. Les fleurs d'art sont éternelles : elles vivront pour garder de l'oubli le nom regretté de Marie Bashkirtseff.

« Digne d'éternelles douleurs,
« Digne d'éternelles louanges,
« Elle vécut comme les anges,
« Elle passa comme les fleurs! »

Une amie.

MADEMOISELLE BASHKIRTSEFF

LE MEETING

Ils sortent de l'école où l'esprit des enfants
S'est trop longtemps nourri de sujets étouffants :
De l'aride calcul et de l'âpre dictée;
De la dure leçon mot à mot récitée,
Sans en saisir assez le sens et la raison.
On les a fait sortir enfin de leur prison!
Adieu bouquins; adieu pensums; adieu vieux maître,
Qui, toujours courroucé, semble ne pas connaître
Que l'air vif a du bon et vous met en gaîté;
Qu'il est doux de courir joyeux, en liberté;
Qu'il ne faut pas longtemps que les jambes se rouillent,
L'enfant est un oiseau dont les lèvres gazouillent;
Qui n'a qu'un seul désir, qu'un seul plaisir : jouer.
Il veut, étant resté calme, se remuer,
Mais à quel jeu jouer? Oh! la question grave!
Pour bien l'élucider, il faudrait un conclave.
Aussi voit-on souvent, sur le bord du chemin,
Des gamins réunis, la toupie à la main,
Le bout du fouet aux dents, au sortir de l'école,
Et là, des orateurs à la chaude parole,
Écoutés de chacun, éloquents, entraînants,
Parlent de ce qui fait le bonheur des enfants.
Et l'esprit se reporte aux beaux jours de l'enfance,
Dont le plaisir était l'unique jouissance;
Où l'on rêvait de jeu comme on rêve d'amour;
Où l'on aurait voulu s'amuser tout le jour.
Ignorant des meetings ennuyeux, politiques,
On se réunissait pour des choses pratiques;
L'un n'avait pas raison, l'autre n'avait pas tort;
On faisait tout afin de bien tomber d'accord,
Et, l'accord établi, la petite assemblée
Prenait dans le préau, joyeuse, sa volée.

EMMANUEL DUCROS.

UN MEETING

CATALOGUE
DES ŒUVRES
DE MLLE BASHKIRTSEFF

---

1. — *Portrait de Mlle Bashkirtseff.*
    H. 0^m90. L. 0^m75.

2. — *Portrait de Mlle Dinah.*
    H. 1^m30. L. 0^m95.

3. — *Portrait de Mme P. B.*
    H. 0^m80. L. 0^m65.

4. — *Jeune femme lisant.*
    H. 0^m60. L. 0^m67.

5. — *Le Meeting.*
    H. 1^m90. L. 1^m75.   Salon de 1884.

6. — *Fleurs.*
    H. 1^m11. L. 0^m40.

7. — *Fleurs.*
    H. 1^m11. L. 0^m40.

8. — *Les trois Rires.*
    H. 0^m55. L. 1^m45.

9. — *Tête (Étude).*
    H. 0^m45. L. 0^m35.

10. — *Profil.*
    H. 0^m40. L. 0^m32.

11. — *Nature morte.*
    H. 0^m65. L. 0^m35.

12. — *Intérieur d'une chaumière à Nice*
   H. 0ᵐ40. L. 0ᵐ36.

13. — *Portrait du général Pélikan.*
   H. 0ᵐ31. L. 0ᵐ24.

14. — *Georgette.*
   H. 0ᵐ20. L. 0ᵐ15.

15. — *Portrait de Mˡˡᵉ Bashkirtseff.*
   H. 0ᵐ32. L. 0ᵐ20.

16. — *Esquisse.*
   H. 0ᵐ45. L. 0ᵐ37.

17. — *Tête d'enfant.*
   H. 0ᵐ40. L. 0ᵐ34.

18. — *Coco.*
   H. 0ᵐ40. L. 0ᵐ32.

19. — *Étude de mains.*
   H. 0ᵐ46. L. 0ᵐ35.

20. — *Esquisse.*
   H. 0ᵐ14. L. 0ᵐ20.

21. — *Marine.*
   H. 0ᵐ36. L. 0ᵐ40.

22. — *Monsieur et Madame (Étude).*
   H. 0ᵐ40. L. 0ᵐ25.

23. — *L'Atelier Julian.*
   H. 1ᵐ45. L. 1ᵐ85.

   Salon de 1881.

24. — *Tête (Étude).*
   H. 0ᵐ45. L. 0ᵐ35.

25. — *Tête d'enfant.*
   H. 0ᵐ48. L. 0ᵐ60.

26. — *Le Soir.*
   H. 0ᵐ46. L. 0ᵐ55.

27. — *Ophélie (Étude).*
   H. 0ᵐ30. L. 0ᵐ22.

28. — *Paysan de Pollawa. (Étude).*
   H. 0ᵐ45. L. 0ᵐ36.

PORTRAIT DE Mlle ARMANDINE

29. — *Tête (Étude).*
H. 0m43. L. 0m51.

30. — *Grand-Père malade.*
A. 0m27. L. 0m20.

31. — *Copie.*
H. 0m25. L. 0m20.

32. — *Étude.*
H. 0m73. L. 0m91.

33. — *La Rue.*
H. 2m47. L. 3m15.

34. — *Avril.*
H. 2m15. L. 2m.

35. — *Portrait du Prince Bojidar Karageorgewitch.*
H. 1m15. L. 0m78.

36. — *Le Parapluie.*
H. 0m90. L. 0m75.

37. — *Jean et Jacques.*
H. 1m55. L. 1m15.
Salon de 1883.
Exposition internationale de Nice, 1883. (Mention honorable.)

38. — *Étude d'enfant.*
H. 1m16. L. 0m88.

39. — *Paysage d'Automne.*
H. 0m97. L. 1m15.

40. — *Portrait de Mlle Dinah.*
H. 1m40. L. 1m15.

41. — *Étude de femme.*
H. 1m50. L. 1m15.

42. — *Portrait de Jacques Rendouin.*
H. 0m85. L. 0m54.

43. — *Jeune garçon (Étude).*
H. 0m88. L. 0m97.

44. — *Tête de femme (Étude).*
H. 0m54. L. 0m45.

45. — *Étude.*
H. 0m55. L. 0m45.

46. — *Coin de Rue.*
   H. 0m40. L. 0m32.

47. — *Portrait de Mlle de Canrobert.*
   H. 1m45. L. 1m10.

48. — *Une Vague.*
   H. 0m45. L. 0m54.

49. — *Étude de mains.*
   H. 0m40. L. 0m32.

50. — *Paysage à Sèvres.*
   H. 0m34. L. 0m24.

51. — *Paysage à Sèvres.*
   H. 0m50. L. 0m44.

52. — *Paysage.*
   H. 0m20. L. 0m67.

53. — *Portrait de son frère.*
   H. 0m65. L. 0m54.

54. — *Portrait de femme.*
   H. 0m60. L. 0m50.

55. — *Étude de main.*
   H. 0m32. L. 0m24.

56. — *Vieille femme (Etude).*
   H. 0m32. L. 0m24.

57. — *Tête (Étude).*
   H. 0m45. L. 0m37.

58. — *Esquisse.*
   H. 0m25. L. 0m20.

59. — *Mendiant (Étude).*
   H. 0m40. L. 0m33.

60. — *Projet du tableau : « Les Saintes Femmes. »*
   H. 0m45. L. 0m37.

61. — *Les Saintes Femmes (Esquisse).*
   H. 0m40. L. 0m45.

62. — *Mendiant de Grenade.*
   H. 0m40. L. 0m32.

63. — *Une Dame.*
   H. 1m15. L. 0m85.

PORTRAIT DE FEMME

64. — *Parisienne.*
   H. 0m54. L. 0m45.

Salon de 1883.

65. — *Tête de Forçat.*
   H. 0m54. L. 0m45.

66. — *Irma (Étude).*
   H. 0m32. L. 0m20.

67. — *Paysage de Nice.*
   H. 0m54. L. 0m45.

68. — *Copie d'après Velasquez.*
   H. 0m60. L. 0m50.

69. — *Chiffonnière.*
   H. 0m46. L. 0m37.

70. — *La Rue Brémontier.*
   H. 0m45. L. 0m54.

71. — *Étude de mains.*
   H. 0m34. L. 0m27

72. — *Gommeux.*
   H. 0m55. L. 0m45.

73. — *La Bohémienne.*
   H. 0m40. L. 0m34.

74. — *Intérieur d'une boutique au Mont-Dore.*
   H. 0m60. L. 0m55.

75. — *Portrait de Mlle C.*
   H. 0m50. L. 0m42.

76. — *Intérieur de bric-à-brac à Madrid.*
   H. 0m55. L. 0m45.

77. — *Écluse à Asnières.*
   H. 0m50. L. 0m65.

78. — *Étude d'enfant.*
   H. 0m80. L. 0m65.

79. — *Étude (Modèle).*
   H. 0m92. L. 0m74.

80. — *Modèle.*
   H. 0m55. L. 0m45.

81. — *Pêcheur à Nice.*
   H. 0m40. L. 0m30.

82. — *Esquisse.*
   H. 0m33. L. 0m40.

83. — *Au bord de la mer.*
   H. 0m24. L. 0m27.

84. — *A la fenêtre.*
   H.

85. — *Thérèse.*
   H. 1m80. L. 1m25.

86. — *Wanka.*
   H. 0m26. L. 0m20.

87. — *Paysage à Nice.*
   H. 0m72. L. 0m90.

88. — *Étude.*
   H. 0m45. L. 0m37.

89. — *Étude.*
   H. 0m24. L. 0m32.

90. — *Marine.*
   H. 0m20. L. 0m32.

91. — *Bébé (Étude).*
   H. 0m32. L. 0m40.

92. — *Marine.*
   H. 0m32. L. 0m40.

93. — *Étude pour le tableau : « Les Saintes Femmes ».*
   H. 0m40. L. 0m32.

94. — *Convalescente.*
   H. 0m60. L. 0m50.

95. — *Mendiant italien.*
   H. 0m80. L. 0m60.

96. — *Portrait.*

97. — *Étude (tête).*

98. — *Portrait de Mme Gredelue.*

99. — *Portrait de Mme Nachet.*

100. — *Japonaise.*

PARISIENNE

PASTELS

101. — *Portrait de Louis de Canrobert.*
102. — *Portrait de Mlle de Villevieille.*
103. — *Portrait de Mlle Eral.*
104. — *Portrait de Mlle Babanine.*
105. — *Portrait de Mlle Armandine.*
106. — *Portrait de Mlle Dinah.*

DESSINS

107. — *Portrait.*
108. — *Tête.*
109. — *Soirée intime.*
110. — *Projet de tableau.*
111. — *Coco, Chèvres.*
112. — *Un Monsieur.*
113. — *Une Dame.*
114. — *Le Sommeil.*
115. — *Les Cartes.*
116. — *La Lecture.*
117. — *La Cigarette.*

118. — *Un Monsieur et une Dame.*

119. — *Une Dame.*

120. — *Une Dame.*

121. — *Une Tête.*

122. — *Mimi.*

123. — *Marie.*

124. — *Rosalie.*

125. — *L'Orateur.*

126. — *Ophélie.*

127. — *Les Enfants.*

128. — *Bojidar.*

129. — *L'Orpheline.*

130. — *Amélie.*

131. — *Devant la Cheminée.*

132. — *Madame B.*

133. — *Une partie.*

134. — *Salon d'essayage chez Doucet.*

135. — *Carnaval de Nice.*

136. — *Tête.*

137. — *Tête.*

138. — *Mademoiselle D.*

139. — *Les Cartes.*

140. — *Étude.*

141 à 224. — *Études d'après le modèle.*

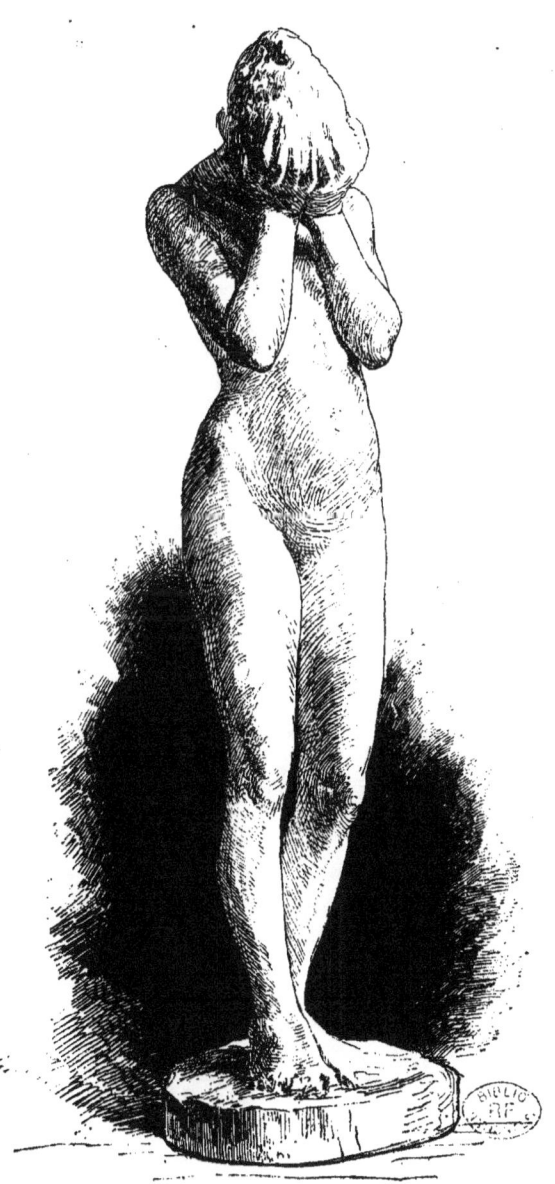

NAUSICAA

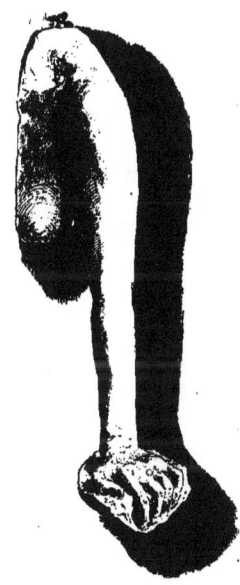

SCULPTURE

1. — *La Douleur de Nausicaa.*
2. — *Femme appuyée.*
3. — *Le Bras.*
4. — *Petit Garçon.*
5. — *Une Femme.*

FEMME APPUYÉE

Quatre Dessins

D'APRÈS NATURE

PAR

MLLE BASHKIRTSEFF

(Dessin)

LA CIGARETTE

(Dessin)

ENDORMIE

SOIRÉE A GAVRONZY, PRÈS POLTAVA

(Dessin)

(Dessin)

LA LECTURE

Hommages

A

MLLE BASHKIRTSEFF

STANCES

SUR

MLLE MARIE BASHKIRTSEFF

Comme un bouton de fleur, qui charme tous les yeux
Elle entrait dans la vie, adorée et jolie ;
N'ayant jamais senti que la mélancolie
De l'artiste, cherchant l'idéal radieux.

Elle vivait pour l'art, et l'attaquait si fière,
Et lui donnait son âme avec un tel plaisir,
Qu'il semblait, chaque jour, pour elle s'adoucir
Et lui communiquer, un peu, de sa lumière.

Elle allait d'un tel pas, dans son ardent combat,
Que le monde étonné, ravi de son audace,
Admirateur déjà, lui faisait une place,
Sûr de voir triompher un si fougueux soldat.

Mais aux premiers succès, bien avant que la gloire
Ait pu parer son front, couronné de lauriers,
Elle est tombée, ainsi que les jeunes guerriers
Qui n'ont pu saluer, qu'une fois, la victoire.

Elle est morte martyre, oh ! ce n'est pas le bal
Qui l'a tuée ; et là, pourtant très admirée
On aimait à la voir, coquettement parée,
Reine par la beauté, le parler non banal.

Elle est morte pour l'art, malgré la rude bise ;
Dès le matin levée, en y songeant la nuit,
Elle allait achever le rêve qui la suit,
Quand le froid automnal terrible l'a surprise.

Il a fait de ses mains tomber tous ses pinceaux,
Qui devaient l'illustrer, chaque jour, davantage ;
Et ses ébauches sont l'éclatant témoignage
Du remarquable essor que prenaient ses travaux.

On honore les morts sur les champs de bataille
Et c'est pourquoi, je viens, douce enfant, te chanter ;
Je me suis mis, souvent, vivante à t'exciter ;
Maintenant, tout troublé, malgré moi, je tressaille.

« Ne me plains pas, dis-tu, sans le regret des miens ;
« Si ma mort n'avait pas désespéré ma mère,
« Il m'eût plu de passer comme fleur éphémère
« Et de mourir pour l'art puisqu'à l'art j'appartiens.

« Ils sont petits, d'ici, les puissants sur les trônes.
« Les morts jeunes, voilà, vraiment les plus heureux ;
« Ils passent, près de vous, sans laisser d'envieux
« Et les siècles futurs leur tressent des couronnes.

« J'aime fort à dormir de mon calme sommeil ;
« Dans ceux que je connais personne ne m'oublie ;
« Ils me revoient aimable, adorée et jolie
« Comme une jeune fleur qui sourit au soleil. »

EMMANUEL DUCROS.

Janvier 1885.

A LA MÉMOIRE

DE

MADEMOISELLE MARIE BASHKIRTSEFF

———

Simplement, sans l'attrait commun des pierreries,
Avec le luxe vif de sa jeune beauté,
Elle eût pu conquérir la douce primauté
De la femme qui tient aux louanges fleuries.

Mais elle dédaignait toutes les mièvreries
Du monde et le clinquant de sa banalité;
Éprise dans son Art de l'âpre vérité,
Elle fuyait l'éclat vulgaire des féeries.

Son âme, qu'exaltait son indomptable ardeur,
Cherchait obstinément la profonde splendeur
De la rude nature et de son charme intime.

— O ténèbres! La Mort a cru devoir venir;
Mais sur l'œuvre et le blanc tombeau de la victime
Planera l'immortel regret de l'Avenir!

Robert de Souza.

MARIE BASHKIRTSEFF

Notre causerie est en deuil cette semaine. Nous venons d'apprendre, en même temps que la mort de M. Vaucorbeil, une nouvelle douloureuse entre toutes.

Une jeune fille, dont le Sport avait bien souvent célébré la grâce, le talent, la beauté; une charmante praticienne qui était l'une des perles fines de la colonie russe, une artiste digne de ce nom qui avait le génie de la peinture et qui promettait de devenir aussi illustre que Rosa Bonheur, Mlle Marie Bashkirtseff, vient de mourir à l'âge de vingt-trois ans.

Dans la première quinzaine du mois d'octobre, elle était encore gaie, souriante, pleine de santé, de jeunesse, d'esprit.

Elle venait de passer quinze jours à Jouy, chez la maréchale Canrobert, dont la fille était sa compagne à l'atelier Julian. Elle travaillait avec ardeur au tableau qu'elle destinait à la prochaine Exposition et qui, hélas! reste inachevé. Un mal terrible, foudroyant, la phtisie galopante, est survenue, et la gracieuse, la poétique jeune fille a été enlevée en quelques jours, en quelques heures, à la famille dont elle était l'idole, à l'art auquel elle se dévouait avec une sorte de fanatisme.

L'art, ce fut la passion de celle qui vient de disparaître. Levée en même temps que l'aurore, elle travaillait avec une opiniâtreté, un acharnement qui était comme une sublime folie. On eût dit qu'ayant le pressentiment de sa fin prochaine, elle voulait laisser quelque chose après elle. Ce qu'elle laisse, c'est *l'Atelier de jeunes filles*, c'est *le Meeting*, ce sont les portraits au pastel de sa parente, Mlle Dinah Babanine, et du jeune fils du maréchal Canrobert, œuvres vraiment remarquables où se révélaient une vigueur de conception et une exécution magistrale bien rares chez une jeune fille du monde.

L'an dernier, elle avait obtenu une mention honorable. Cette année, l'opinion des peintres la désignait pour une médaille. Le jury se dit sans doute : « Elle est jeune, elle est riche, elle peut attendre. » Attendre, elle ne le pouvait pas! Aujourd'hui, tout le monde lui rend hommage.

Et son laurier tardif n'ombrage que sa tombe.

Nous ne pouvons nous figurer que ce cœur si noble, si généreux a cessé de battre. Comment, cette jeune fille qu'il y a quelques jours encore nous voyions sourire si gracieusement dans sa voiture, au bois de Boulogne; cette beauté si artistique et si aristocratique qui, à la première réception du nouvel ambassadeur de Russie, avait jeté un si vif éclat; cette enfant inspirée, cette jeune reine du pinceau qui préférait à tous les salons l'atelier et pour qui tous les peintres avaient une sympathie profonde et respectueuse, Mlle Bashkirtseff, n'est plus, et sa mort si touchante, si prématurée, nous rappelle ces beaux vers d'Alfred de Musset, qu'elle savait par cœur :

> Nous faut-il perdre aussi nos têtes les plus chères,
> Et venir en pleurant leur fermer les paupières,
> Dès qu'un rayon d'espoir a brillé dans leurs yeux ?
> Le ciel de ses élus devient-il envieux ?
> Ou faut-il croire, hélas! ce que disaient nos pères,
> Que quand on meurt si jeune on est aimé des dieux?

*
* *

Jamais nous n'avons assisté à des funérailles aussi poétiques et aussi touchantes que celles de Mlle Bashkirtseff. Cette maison toute tendue de blanc, toute remplie de fleurs, ce cercueil de velours blanc recouvert d'une palme verte, ce char attelé de six chevaux blancs aux caparaçons argentés, cette pauvre mère ayant le courage de suivre à pied le corbillard, cette église russe avec ses inscriptions grecques, ses figures de saints sur fond d'or, ces chants d'une harmonie si lugubre, si grandiose, cette foule qui sanglotait, ce radieux soleil d'automne souriant à l'idéale jeune fille qui ne reverra plus le printemps, tous ces tableaux d'une douleur incommensurable ne sortiront jamais de nos yeux et de notre cœur.

Pendant sa maladie, Mlle Bashkirtseff disait à sa mère avec une douceur angélique : « Mater dolorosa, pourquoi prenez-vous une figure si triste? » Mater dolorosa, c'est bien là le nom qui convient à la malheureuse mère pour laquelle aucune consolation n'est possible sur la terre. Elle a perdu sa fille le samedi, le jeudi suivant, jour des funérailles, elle n'avait pu verser une larme. Le chagrin la pétrifiait. Maintenant elle pleure, hélas ! et plus jamais elle ne cessera de pleurer.

*
* *

> Sans doute il est trop tard pour parler encor d'elle,
> Depuis qu'elle n'est plus, quinze jours sont passés,
> Et dans ce pays-ci, quinze jours, je le sais,
> Font d'une mort récente une vieille nouvelle.
> De quelque nom, d'ailleurs, que ce regret s'appelle,
> L'homme par tout pays en a bien vite assez.

Ce que disait ainsi Alfred de Musset, à propos de la Malibran on ne peut pas le dire de Mlle Marie Bashkirtseff. Le temps, au lieu de diminuer le chagrin de ceux qui pleurent cette charmante et poétique jeune fille, l'augmente tous les jours davantage. A l'exposition des artistes indépendants figure un de ses tableaux, *les trois Rires*, le rire de l'enfant, le rire de la jeune fille, le rire de la femme.

Ce petit chef-d'œuvre de grâce, de vérité, de sentiment, excite l'émotion générale. Quel contraste entre ce sujet : le rire et la mort prématurée de la jeune artiste patricienne dont les souffrances si cruelles et la fin si touchante ont fait verser tant de larmes !

Nous parlions l'autre jour des villas les plus célèbres de Nice. Il en est une, la villa Romanoff (habitée ces derniers hivers par la princesse de Sagan), villa qui appartient à la tante de Mlle Bashkirtseff.

Dans ce gracieux séjour vit le souvenir de la délicieuse enfant qui y passa plusieurs hivers avant de commencer sa carrière artistique si courte mais si bien remplie. La vaste et pittoresque villa, située sur la promenade des Anglais, au milieu d'un jardin de 3000 mètres, comprend trois bâtiments de hauteur inégale, dont l'ensemble forme un tout d'une grande harmonie. C'est là que s'est déclarée la vocation de Mlle Bashkirtseff pour la peinture.

Nous avons en ce moment même sous les yeux une photographie que nous ne pouvons contempler sans pâlir. Elle représente la villa de Nice. Derrière un bassin de marbre et des massifs d'arbres exotiques apparaît un balcon d'où la belle jeune fille contemple un horizon radieux. Hélas! que sont devenues tant de belles espérances?

Mlle Bashkirtseff était grande admiratrice du talent de Bastien-Lepage, qui, de son côté, disait que la jeune Russe serait l'émule de Rosa Bonheur. La mort de Mlle Bashkirtseff avait beaucoup frappé l'illustre artiste, dont la perte est un si grand deuil pour l'art. Le tableau qu'il n'a pas achevé, et auquel il pensait encore sur le lit de douleur où il agonisait, avait pour sujet l'enterrement d'une jeune fille passant, au printemps, sous des pommiers en fleurs. L'enterrement a eu lieu, mais, pas plus que Mlle Bashkirtseff, Bastien-Lepage n'a revu le printemps...

Saint-Amant.

Les femmes artistes, sous la présidence de Mme Berteaux, ont voulu rendre un suprême hommage à cette noble jeune fille, qui est morte de l'art, comme elle en a vécu : Paris s'associera à leur pensée pieuse et son nom lui restera cher. Mlle Bashkirtseff réunissait les dons les plus heureux, les plus divers et les plus rares : jeunesse, beauté, fortune, séduction originale et puissante de la Slave, énergique volonté, intelligence supérieure ; et toutes ces forces, elle les met au service de son idée maîtresse, de sa passion unique et pure, elle les consacre au culte du Beau. Ceux qui l'ont connue aux derniers temps de sa courte apparition en ce monde, peuvent dire qu'elle était entrée en religion, à sa manière : tant sa

ferveur était grande, tant elle s'était vouée tout entière à sa foi !
Quel enthousiasme, alors, dans ses discours! Quelle ivresse au
travail ! Quel détachement de ces plaisirs, dont son âme fière avait
si vite senti le néant, et quelle confiance robuste en son avenir,
que nous prévoyions tous si éclatant! Hélas ! cet enthousiasme, ce
« dieu intérieur » qui l'animait de son souffle devait aussi la tuer :
sous le ciel brumeux de l'automne, elle continua de travailler en
plein air, tout à sa pensée, à son espérance, sourde aux avertissements des siens, insensible au froid perfide qui s'emparait d'elle,
et qui éteignit en quelques heures cette ardente flamme ! Elle est
morte à son poste de combat, au champ d'honneur ; et maintenant,
les premiers rayons de la gloire se jouent sur un front glacé !

Noble créature, héroïne et victime de l'art, puisse l'étincelle sacrée qui enflammait ton jeune cœur embraser d'autres âmes ! Ton
œuvre n'est pas tout en ces brillantes prouesses de ton génie naissant, elle est dans l'impérissable exemple que tu nous as donné : le
sacrifice des joies terrestres, et de la vie même, à l'Idéal !

Paul DESCHANEL.

Neidelberg, le 7 février 1885.

MARIE BASHKIRTSEFF.

Elle est morte à vingt ans, l'enfant de l'art sublime,
    La mort a brisé son pinceau.....
Comme un lis que le vent d'une orageuse cime
Casse, royale fleur, trop délicat roseau.....

Plus beau qu'un beau soleil qui brille,
  L'avenir..... l'avenir..... pourtant, ô jeune fille,
    Souriait à ton noble orgueil.....
. Roses illusions, chimères étoilées,
  Ah! vous fallait-il donc sitôt être voilées
    Sous le drap blanc de ce cercueil !

Montez, hymnes de la patrie,
Chants funèbres, mystérieux,
Qui pénétrez l'âme attendrie,
Hymnes plaintifs, montez aux cieux.
Et vous parfums, flambeaux mystiques
Embaumez de feux magnifiques
Le temple doré de la foi (1).
Quoique douloureuse et cruelle
Une mort semblable est plus belle
Que les succès sanglants d'un roi.

Cette enfant pouvait vivre indolente, rieuse,
Au milieu des palais, loin d'un monde agité,
  La fortune capricieuse
  Lui promettait fidélité ;
Mais un ange, un démon (et c'est toujours le même
C'est celui qui les tue, et que pourtant l'on aime,
Le génie..... inspirant et tuant Raphaël) ;
Le génie ardent, d'un coup d'aile,
Au front pur de Marie avait mis l'étincelle
Qui consume..... semblable au charbon de l'autel.

Elle aimait l'art pour lui..... son âme
Vibrait en présence du Beau,
Et la main légère de femme,
Cette main glacée au tombeau,
Savait faire vivre la toile.....
Son œil qu'aujourd'hui la mort voile
Etait sûr, inspiré, profond.....
Que toute tête se découvre !
Salut à la tombe qui s'ouvre
Dans l'Inconnu..... sacré..... sans fond.....

       XXX.

(1) L'Église russe de la rue Daru.

SYMPHONIE EN BLANC MINEUR

En souvenir de Mademoiselle M. Bashkirtseff

Elle aimait à chanter la chanson de la neige,
Et c'était un doux chant de son brumeux pays,
Et toutes les blancheurs y passaient en cortège
Et les fantômes blancs se sont évanouis.

 Revenez visiter sa tombe,
 Comme des amis vigilants,
 Flocons de la neige qui tombe,
 Ailes blanches de la palombe,
 Corymbes des aubépins blancs.

 Nous l'avons vue et pâle et blanche
 Dans la chambre de damas blanc :
 Blanches fleurs à son front qui penche
 Et blanche robe sur sa hanche,
 Mains jointes sur son chaste flanc.

Elle aimait à chanter la chanson de la neige,
Et c'était un doux chant de son brumeux pays,
Et toutes les blancheurs y passaient en cortège,
Et les fantômes blancs se sont évanouis.

 Comme la perle pure et blanche
 Qui sort de l'urne d'un lis blanc,
 Dans l'ombre funèbre où tout penche
 Elle tomba... mais, ô revanche !
 Dans cette ombre un cœur vigilant

Rôdait comme une étoile blanche.
Il fait scintiller, bijou blanc,
La perle qui du lis s'épanche.
Cœur maternel toujours se penche,
Tombe ou berceau, vers son enfant.

Elle aimait à chanter la chanson de la neige,
Et c'était un doux chant de son brumeux pays,
Et toutes les blancheurs y passaient en cortège,
Et les fantômes blancs se sont évanouis.

Elle s'envola pure et blanche
Comme le fil fragile et blanc
Qu'on voit flotter de branche en branche
Dans la clarté d'un pur dimanche,
Fil de la Vierge tout tremblant.

Mais sa mère de sa main blanche
Recueillit le fil frêle et blanc ;
Vers ses cheveux gris il se penche,
Et l'auréole sainte et franche
Nimbe d'amour ce front tremblant.

Elle aimait à chanter la chanson de la neige
Et c'était un doux chant de son brumeux pays,
Et toutes les blancheurs y passaient en cortège....
Ô doux fantômes blancs, ô chers évanouis !

J. Gaillard

6 *Février*.

JEAN ET JACQUES

Imp. Ch. Chardon

APPRÉCIATIONS

DE LA PRESSE

Vous avez remarqué certainement un tableau de genre d'une facture excellente, *l'Atelier*, où toutes les physionomies ont une si parlante expression. L'atelier est celui de M. Julian, qui réunit un certain nombre de jeunes filles du meilleur monde. Andrey, le signataire du tableau, est tout simplement Mlle de Bashkirtseff, si remarquée cette année dans tous les bals, si regardée aux représentations de la Patti.

Le père de Mlle de Bashkirtseff était maréchal de la noblesse de Poltawa.

Sport. — 18 Mai 1881.

Un atelier, celui de Julian croyons-nous, par M. Andrey, très mouvementé; attitudes variées, justes et vraies, bon de dessin et de coloris.

Journal des Arts. — 20 Mai 1881.

Mlle de Bashkirtseff, femme du monde et artiste peintre (elle expose sous-noms tantôt de Russ, tantôt d'Andrey), revient d'Espagne avec de pleins cartons de croquis : attendons-nous à voir au Salon prochain quelques « Andalouses au teint bruni. »

Gazette des Femmes — 10 Décembre 1881.

M. Bidau, qui nous présente un bouquet de violettes de Parme, des dentelles, des joyaux et des bijoux, a déposé son bouquet élégant et riche aux pieds de l'œuvre d'une charmante jeune fille dont le talent sérieux s'accentue d'année en année. Nous voulons parler de Mlle Bashkirtseff, une charmante Russe, dont la brosse hardie et ferme dénoterait de longues années de travail si le visage ne marquait pas vingt ans.

Les deux enfants de l'asile, *Jean et Jacques*, qu'elle a consolidés sur sa toile sont frappants de bonne mine, de nature et de santé ; ils sont bien campés et vont bravement à l'école le parapluie sous le bras et la feuille verte aux lèvres. Jacques se fait traîner par son frère qui, grave et sérieux, ne lui permet pas de faire l'école buissonnière. Mlle Bashkirtseff ne doit pas se décourager dans la tâche qu'elle a entreprise de s'élever dans son art au-dessus du niveau des autres femmes ; elle doit être de celles qui prouveront aux hommes qu'elles sont capables de faire aussi soigné, aussi ferme et aussi bien qu'eux ; que Dieu a départi aux deux sexes les mêmes qualités, et que l'éducation et l'instruction peuvent égaliser entre eux l'intelligence et le talent.

Nous félicitons sincèrement M. Tony Robert-Fleury de son élève. C'est une gloire qui lui revient et que nous sommes heureux de signaler.

PAUL DE CHARRY.
Le Pays. — Lundi 7 Mai 1883.

Dans le dernier numéro du *Sport*, Chapelle consacre la première partie de sa chronique aux « artistes mondains » qui ont exposé au Salon de cette année.

Les lignes suivantes concernent une artiste dont la *Vie mondaine* a plusieurs fois signalé le talent :

Mlle de Bashkirtseff, qui il y a deux ans exposait *l'Atelier*, est une véritable artiste passionnée pour son art, travaillant comme si elle avait sa fortune à faire. Sous ce titre : *Jean et Jacques*, elle nous montre des enfants qui sortent de l'asile se tenant par la main ; c'est une composition forte et sincère, qui révèle de sérieuses études. Citons d'elle aussi un pastel digne d'être signé Rosalba, le portrait de Mlle Babanine.

Bien qu'appartenant à une famille très riche, Mlle Bashkirtseff n'en a pas moins un goût très prononcé pour les arts.

Et chaque année, de nouveaux succés provoquent de nouveaux éloges.
Vie Mondaine. — 13 Mai.

Mlle Marie Bashkirtseff a envoyé avec une élégante *Parisienne* deux figures de petits garçons, *Jean et Jacques*, très réussies ; tous les deux en blouse de cotonnade noire, l'un d'eux un parapluie sous le bras, se tenant par la main, longent les quais, se rendant sans doute à l'école. Les deux physionomies, très enfantines, très naïves, sont d'une grande vérité ; la touche est généralement très ferme.

DALLIGNY.
Journal des Arts. — 18 Mai 1883.

Mlle Marie de Bashkirtseff a envoyé deux toiles de genre : *Jean et Jacques* et *Parisienne*, plus le portrait au pastel de sa compatriote, Mlle Babanine.
Gaulois. — 13 Mai 1883.

Mlle Bashkirtseff, une belle jeune fille blonde comme les blés, qui s'est fait connaître, il y a deux ans, par une composition des mieux étudiées, *l'Atelier*, expose cette année deux œuvres remarquables, admises au Salon avec le n° 1 et le n° 2. C'est tout dire. Le premier tableau est charmant : ce sont deux petits garçons qui sortent de l'asile en se tenant la main. *Jean et Jacques* sont désormais illustres et illustrés par les pinceaux fermes et virils de la jeune grande artiste qui travaille avec passion, non pas pour se faire une fortune, qui est toute

PAYSAGE

conquise, mais pour avoir une auréole.

La seconde œuvre est un pastel, le portrait de sa cousine, Mlle Babanine, que Latour eût bien certainement signé.

Vicomtesse de Renneville.
Gazette Rose. — 19 Mai 1883.

Mlle Bashkirtseff, une jeune Russe, possède un talent très réel et un grand sens artistique, *Jean et Jacques* nous en donnent une nouvelle preuve.

Audouard.
Papillon. — 20 Mai.

Regardez encore *Jean et Jacques !* ces deux enfants, que Mlle Bashkirtseff nous montre sortant de l'asile, sont faits pour contenter les réalistes les plus exigeants. Les visages vulgaires de ces fils de pochards ne reflètent même plus la grâce instinctive qui apparaît habituellement chez l'enfant. Les cheveux en broussailles sont affreux; les gros souliers eux-mêmes ont je ne sais quel air canaille.

L'auteur de cette toile, où le talent s'affirme très virilement sans aucune idée de plaire, est une jeune fille de l'aristocratie, fort mêlée à la vie mondaine, habituée à toutes les élégances. Le Slave ne se révèle-t-il pas là avec sa passion du bizarre, son amour de Paris en ce qu'il a de plus moderne et de plus vrai ? A quoi bon insister, d'ailleurs ? N'est-ce pas en Russie que Zola a trouvé ses premiers admirateurs et ses plus fervents partisans ?

Drumont.
Liberté. — 25 Mai 1883.

Bashkirtseff (Mlle Marie). — *Jean et Jacques*, deux petits frères, s'en vont à l'école. L'aîné, un parapluie sous le bras, donne la main à son cadet, un gros bébé qui, la main dans la poche, vous regarde attentivement. — Ce petit groupe est vivant de vérité; grand avenir à cette artiste qui voit juste.

Véron.
Dictionnaire Véron. — Juin.

Mlle Bashkirtseff appelle *Jean et Jacques* deux petits garçons en blouse, qui ont l'air très naïfs et sont touchants dans leurs pauvres vêtements.

Véronique.
Femme et Famille. — 1er juin 1883.

Voyez-vous ces deux frères qui s'en vont à l'école ? L'aîné tient le plus jeune par la main et porte un vulgaire parapluie sous son bras. Le second, qui donne à l'autre la main droite, a la gauche dans le gousset de son pantalon. Ils cheminent ainsi sans parler, l'aîné avec un certain air important que lui donne sa mission de protecteur, l'autre avec un minois assez ennuyé, comme s'il éprouvait peu d'enthousiasme à l'idée de rester enfermé jusqu'au soir dans la salle d'école du village. C'est là un tableau qui n'a rien d'extraordinaire comme conception ; mais Mlle Marie Bashkirtseff a su le traiter avec une observation si profonde et une vérité si complète, qu'elle a réussi à donner un très haut intérêt à un sujet dont il était certes difficile de faire disparaître la banalité.

Sautier.
Feuille du Dimanche. — 8 Juillet 1883.

Tous nos compliments à Mlle Bashkirtseff, une Russe de beaucoup de talent, une des plus fortes de l'École des femmes qui nous montre son tableau du Salon de 1883. *Jean et Jacques*, deux petits campagnards aux mines fraîches et bien étudiées, deux portraits simplement traités dans une tonalité grise et délicieusement peinte.

Journal des Arts. — 4 Mars 1884.

Une artiste dont le talent s'affirme tous les jours de plus en plus est Mlle Marie Bashkirtseff, cette toute jeune Russe qui nous a donné l'an passé deux enfants revenant de l'école, qui lui ont valu une mention honorable très justement méritée.

Aujourd'hui nous voyons d'elle un autre genre de peinture : après nous avoir montré qu'elle fait aussi bien la tête et l'académie que beaucoup d'artistes, et des plus en renom, elle nous donne une allée triste dépouillée de ses feuilles, avec ses arbres agités par le vent, en un jour d'automne.

Ce paysage est empreint d'une poésie douce, remplie d'une certaine angoisse du frimas qui va venir, qui étonne et émeut. Il y a tout un poème dans cette allée que la bise éprouve ; on dirait une femme d'un âge mûr, ressentant les premières atteintes de la vieillesse, en un mot, c'est l'automne qui s'en va et redoute l'hiver.

Cette toile est adorable et répand un charme exquis autour d'elle ; on la voit en entrant, et elle frappe directement le visiteur, elle l'empreint d'une impression anxieusement poétique.

Le Rire, trois têtes charmantes, à trois âges différents de la femme : l'enfant, la fillette et l'adolescente, sont trois types étudiés sur nature et pris sur le vif par une brosse exercée et un esprit profondément observateur.

Le pastel, portrait de Mlle Banabine (Dinah), est très remarquable.

Paul de Charry.

Le Constitutionnel. — 6 Mars 1884.

Marie Bashkirtseff a rendu avec justesse l'impression d'hiver éprouvée dans une avenue côtoyant une rivière ; ce n'est qu'une étude, mais l'étude est valable.

L'original pinceau de cette jeune patricienne russe a transporté sur la toile cette gamme du rire, observée sur une photographie anglaise accrochée en ce moment à toutes les vitrines de Paris ; seulement Mlle de Bashkirtseff l'a transposée en rendant *le Rire* selon trois âges différents (à trois ans, à douze ans et à vingt-six ans, supposons-nous) ; les observations sont délicatement traduites ; nous ne reprocherons à l'artiste que la vulgarité de son troisième modèle. N'était-il pas possible de faire rire un plus joli visage ?

La Gazette des Femmes. — 10 Mars 1884.

Mlle de Bashkirtseff a envoyé un *Meeting*, une réunion d'enfants discutant autour d'une toupie. Mlle Bashkirtseff, on le sait, est une réaliste ; elle aime à faire poser devant elle les gamins de la rue Brémontier et à les montrer tels qu'ils sont, sans concession à la fausse élégance. La jeune fille garde pour elle-même la grâce et

PORTRAIT DU PRINCE BOJIDAR KARAGEORGEVITCH

le charme, le peintre veut avant tout faire preuve de force et de sincérité.

Sport. — 19 Mars 1884.

Mlle Marie Bashkirtseff. (*Un meeting.*) — Trois ou quatre gamins sont réunis et causent gravement auprès d'une barrière de planches. L'un d'eux compose on ne sait quel jouet; les autres le regardent ou l'aident. Une petite fille en tablier noir s'est séparée d'eux et regagne le logis. Le tableau est réellement fort piquant, tant pour l'observation des gamins de Paris que pour l'exécution qui est vive et franche.

FOURCAUD.

Le Gaulois. — Salon du 3o Avril 1884.

Très observée également la composition de Mlle Bashkirtseff, les figures des enfants sont toutes intéressantes et fort justes.

BERTOL-GRAIVIL.

Ville de Paris. — 3o Avril 1884.

Mlle Bashkirtseff. On ne se plaindra pas de retrouver le paysage que Mlle Bashkirtseff avait envoyé naguère au Salon des femmes. Il est accompagné d'un *Meeting* d'écoliers noté en pleine rue et tout ce qu'il y a de plus nature. Quel peut être le sujet d'une discussion aussi animée ?

Voltaire. — 1ᵉʳ Mai 1884.

Mlle Marie de Bashkirtseff, une Russe échappée d'un tableau de Greuze, blonde aux yeux bleus, le front volontaire et le regard profond d'un être qui sera quelqu'un; le sourire et le charme attirants d'un enfant.

Très élégante dans le monde, mais s'y montrant le moins qu'elle peut, afin de se consacrer à son art. Comme Mlle Canrobert, sa meilleure amie, elle veut devenir sérieusement un peintre.

Elle a déjà su se faire compter. Après son dernier envoi à l'Union des Femmes peintres, où l'on remarquait surtout *le Rire*, le cercle des artistes russes a élu Mlle Bashkirtseff à l'unanimité : c'est l'empereur de Russie qui est président d'honneur.

La jeune artiste a envoyé au salon de cette année un *Paysage d'Automne* d'une pénétrante mélancolie, et un grand tableau intitulé : *Un Meeting*. C'est une troupe de gamins, dans la rue, discutant sur une ficelle et un clou que leur montre un grand.

Du réalisme, mais du bon, dans le genre de Bastien-Lepage.

ÉTINCELLE.

Figaro. — 8 Mai 1884.

Le grand succès est pour Mlle Bashkirtseff, qui, depuis longtemps, ne compte plus parmi les amateurs, mais parmi les véritables artistes. Le *Meeting*, conçu dans une note un peu réaliste comme toujours, mais d'une observation très juste et d'une exécution à la fois souple et ferme, est certainement un des meilleurs morceaux de peinture du Salon.

S. MARCILLAC.

Le Sport. — 7 Mai 1884.

Mlle de Bashkirtseff, qui, il y a deux

ans, exposait *l'Atelier*, est une véritable artiste passionnée pour son art, travaillant comme si elle avait sa fortune à faire. Sous ce titre : *Jean et Jacques*, elle nous montre des enfants qui sortent de l'asile en se tenant par la main ; c'est une composition forte et sincère qui révèle de sérieuses études. Citons d'elle aussi un pastel digne d'être signé Rosalba, le portrait de Mlle Babanine.

Chapelle.
Sport. — 9 Mai 1884.

Mlle Bashkirtseff a réuni sur une grande toile six gamins conférant auprès d'une palissade : c'est le *Meeting* ; ces figures de plein air ont une tonalité grise, en modernité, d'un sentiment sobre et juste ; elles sont bien serrées, bien dessinées. Ce morceau de peinture mériterait une récompense, car les progrès du peintre sont saillants.

Jean Alessan.
La Gazette des Femmes. — 10 Mai 1884.

Avant de sortir de la salle XXIV, disons un bonjour à cette tête de Parisienne rieuse et spirituelle, qui sort d'un frais chapeau de paille et se détache de son cadre de peluche bleue, par Mlle Bashkirtseff ; la jeune artiste nous ménage à chaque pas de très jolies surprises. Là-bas, dans la salle du fond, une tête au pastel nous montre aussi les traits si doux et si affables de sa cousine. Courage toujours, mademoiselle ; vous nous trouverez sans cesse prêts à saluer vos valeureux efforts.

Paul de Charry.
Le Pays. — 16 Mai.

Voilà enfin un tableau : le *Meeting* de Mlle Bashkirtseff ; quatre gamins sortant de l'école discutent gravement ; la scène est observée avec un sentiment parfait du naturel et bien rendue ; combien d'artistes auraient sauté sur ce prétexte pour nous entonner une romance fade.

Carpit.
Revue Critique. — 18 Mai 1884.

Mlle Marie de Bashkirtseff est de plus en plus en progrès, ses deux enfants en blouse noire sont pleins de vie et de mouvement. La jeune et intelligente artiste a joint à son envoi un admirable profil de femme, coiffée d'un chapeau de paille, titre : *Parisienne*. Nos félicitations bien sincères à Mlle de Bashkirtseff.

Bulletin des Expositions. — 20 Mai 1884.

Sous ce titre : *Un Meeting*, Mlle Marie Bashkirtseff nous présente un groupe de six bambins en conversation animée. La scène se passe dans la rue devant une clôture de planches, cela est bien disposé, les attitudes ont du naturel, les figures sont spirituelles et vives. La facture est simple et franche.

Félix Jahyer.
L'Entracte-Vert-Vert. — 21 Mai 1884.

Une charmante jeune fille, Mlle Marie Bashkirtseff, expose des enfants sortant de l'école, et causant dans un coin de rue avant de rentrer chez eux. Cette toile est une des plus consciencieusement faites du salon et sûrement aura un prix. Les enfants sont bien campés, dans des

GEORGETTE

poses tout à fait naturelles et pleines de justesse.

L'observation des valeurs, des effets et des ombres est on ne peut plus remarquable. Dans quelques années d'ici Mlle Bashkirtseff, dont la brosse large et puissante est déjà si habile, pourra compter parmi nos artistes les plus distingués.

MOUSTY.
Le Petit Caporal. — 15 Mai 1884.

Mlle Bashkirtseff, qui a commencé la peinture en amateur, a conquis rapidement une place parmi les peintres. Passionnée pour son art et sans cesse en quête de documents nouveaux, elle travaille comme si elle avait sa fortune à faire. Par un contraste singulier, la jeune artiste, élevée dans toutes les élégances de l'aristocratie, est une réaliste déterminée; elle a l'amour de ce laid particulier, de ce laid banal et vulgaire qu'on rencontre dans nos faubourgs.

Le *Meeting* est très intéressant sous ce rapport. C'est bien là les enfants du peuple tels que Mlle Bashkirtseff a pu les voir au sortir de son hôtel, dans les environs de la rue Bremontier. Les yeux sont étroits; les membres grêles, le teint pâle révélant le lymphatisme et l'anémie. Un je ne sais quoi de rusé apparaît sur toutes les physionomies de ces petits en admiration devant un grand qui explique quelque jeu de toupie, tandis qu'enveloppée presque complètement dans son tablier noir, une jeune fillette, plus sage que les garçons, file le long de la palissade en planches et revient directement de l'école au logis. L'exactitude photographique est relevée là encore d'une nuance d'observation spirituelle. N'importe! j'ai peine à m'expliquer cette attraction particulière d'une jeune Russe distinguée et charmante pour des sujets qui parlent si peu à l'âme et à l'esprit, qui ne laissent rien subsister de la poésie de l'enfance.

DRUMONT.
Liberté. — 16 Mai 1884.

Le Sport avait bien raison de prédire que Mlle Marie *Bashkirtseff* deviendrait une *peinteresse* célèbre.

La jeune fille russe, tout en ayant une note absolument originale, marche sur les traces des Henriette Browne et des Rosa Bonheur. Elle a eu, l'an dernier, à l'Exposition de Paris, une mention honorable, et voici qu'elle vient d'en obtenir une autre à l'Exposition internationale de Nice, où la France était brillamment représentée par Cabanel, Bouguereau, Hébert, Bastien-Lepage, Boulanger, Tony Robert-Fleury, Jules Lefebvre, etc.

C'est avec son tableau *Jean et Jacques* que Mlle Bashkirtseff a mérité cette récompense dont nous sommes très heureux de la féliciter.

MARCILLAC.
Le Sport. — 21 Mai 1884.

Bashkirtseff. (*Un Meeting.*) — Cinq ou six écoliers sortant de la classe ou faisant, qui sait? l'école buissonnière, se sont arrêtés derrière une clôture en planches pour causer gravement billes, toupies ou cerfs-volants. Ce n'est rien, mais c'est intéressant au possible.

ÉTIENNE CARJAT.
La Petite République française. — 23 Mai 1884.

Un Meeting de gamins sortant de l'école, et réunis près de la clôture d'un chantier, par Mlle Marie Bashkirtseff, avec beaucoup de simplicité et de justesse.

R. Milès.
Le Mémorial diplomatique. — 24 Mai 1884.

L'enfant de Paris, immortalisé par Hugo, a trouvé aussi dans Mlle Bashkirtseff une fidèle interprète. Ces petits clubistes qui vous ont déjà des airs de conspirateurs sont groupés avec beaucoup de naturel, et chaque physionomie, prise sur le vif, a été rendue avec un soin extrême.

Just.
Journal des Artistes. — 27 Juin 1884.

Il faudra compter avec un peintre russe appartenant au beau sexe : Mlle Bashkirtseff. L'invention, l'observation, l'habileté de main, elle a tout pour elle.

M. Tony Robert-Fleury, son maître, doit être fier d'une pareille élève. Quel joli tableau que son *Meeting!*

Devant une méchante clôture en planches mal jointes, six gamins se sont arrêtés au sortir de l'école pour causer de leurs affaires.

L'un d'eux, le plus grand, tenant une espèce de fronde dans les mains, montre aux autres la manière de s'en servir.

Tous regardent et écoutent religieusement l'orateur, dans des attitudes très variées et prises sur le vif; cependant passe, trottinant menu, son petit panier sous le bras et parfaitement inaperçue d'eux, une gamine un peu bien esseulée et qui, de dos, semble mélancolique.

Paysage, de la même artiste, ne vaut pas moins. Une longue allée d'arbres dont les feuilles tombent roussies sous le vent d'automne, dans laquelle un banc vert est échoué sur le flanc et d'où l'on aperçoit, sur la droite, l'arcade d'un pont; c'est là tout, et c'est exquis.

Thiandière.
L'Avenir. — 29 Juin 1884.

Le *Meeting* de Mlle Bashkirtseff est un conciliabule de gamins qui, réunis en cercle, contre une clôture en planches, s'entretiennent d'un jeu nouveau ou d'une affaire plus grave encore. C'est une peinture claire, très moderne d'aspect, mais où la manœuvre du pinceau est par endroits insuffisante et molle. Les enfants qui exercent en plein air le droit de réunion ont des blouses un peu vides : il faudra désormais insérer dans les costumes des formes plus accentuées et plus vivantes.

Quant au *Paysage* qu'expose l'artiste russe, il montre un vrai sentiment de la nature aux heures d'automne où les feuilles jaunies tombent en tournoyant sur le sol mouillé ; ce n'est qu'une étude, mais elle vaut mieux que bien des tableaux.

Paul Mantz,
Le Temps. — 8 Juin 1884.

Mlle Marie Bashkirtseff est née à Poltawa (Russie). — Elle est élève de M. Tony Robert-Fleury; ce vaillant peintre, qui a toujours su tenir un pinceau viril de sa main aristocratique, compte à peine vingt printemps, jolie figure enfantine, mutine, spirituelle. — Son père, maréchal de la noblesse

Portrait de Mme P. B.

de Poltawa, lui fit donner une forte éducation et l'on est étonné d'entendre cette jeune fille familiarisée avec tous les classiques grecs, latins, russes, français, allemands, anglais ; elle fait de la musique comme Chopin et chante comme sa belle compatriote Engally. Récompensée l'année dernière, Mlle Bashkirtseff a exposé cette année *Un Meeting*, tableau déjà populaire, et un excellent paysage. Ce n'est pas le portrait de Mlle Bashkirtseff que nous publions, mais un simple dessin exécuté par elle. Mlle Bashkirtseff est un peintre du plus grand avenir.

De Belina.

Nos Ateliers. — 10 Juin.

Mlle de Bashkirtseff est une des femmes les plus douées que nous ayons aujourd'hui dans la peinture ; il y a de la robustesse dans son pinceau et une originalité puissante. Son *Meeting* en pleine rue, une réunion de gamins qui demande, au sortir de l'école, à quel jeu jouer, est bien nature et remarquable par ses physionomies caractéristiques.

Emmanuel Ducros.

Le Sémaphore. — 19 Juin 1884.

Un Meeting. Tableau de Mlle Bashkirtseff. — Ils sont là une demi-douzaine de marmots, de face, de profil, de dos surtout, en vêtements quasi débraillés, en souliers éculés témoignant d'un long et turbulent usage dans la poussière et dans la boue; ils discutent, et le sujet de leur conférence doit être bien intéressant, car leurs lèvres et leurs yeux sont suspendus à ceux du plus grand, qui tient à la main une sorte d'arc fait d'une baleine et d'une ficelle. Le quartier est écarté, des palissades entourant des terrains vagues et au loin des maisons pittoresques forment le décor.

Tous nos compliments à Mlle de Bashkirtseff, une Russe de beaucoup de talent, une des plus fortes de l'École des femmes qui nous montre son tableau du Salon de 1883, *Jean et Jacques*, deux petits campagnards aux mines fraîches et bien étudiées, deux portraits simplement traités dans une tonalité grise et délicieusement peinte.

Journal des Arts. — 4 Mars 1884.

Un Meeting par Mlle Marie Bashkirtseff : trois ou quatre gamins sont réunis et causent gravement auprès d'une barrière de planches. L'un d'eux compose on ne sait quel jouet, les autres le regardent ou l'aident; une petite fille, en tablier noir, s'est séparée d'eux et regagne le logis. C'est très piquant et plein d'observation morale.

Stella.

L'Écho. — 29 Juin 1884.

Ainsi que nous l'avions annoncé dans un précédent article, les enfants tiennent une grande place dans le côté naturaliste du Salon. Il semble avec raison que, devant leurs séductions naïves, la pompe et la convention soient inutiles, et l'on ne saurait mieux faire que de les peindre tels qu'ils sont, dans tout le charme de leurs cheveux emmêlés et de leurs chaussures déformées.

Mlle Bashkirtseff a compris la poésie

du soulier éculé et des blouses déchirées. Ce n'est point parmi les habitués du parc Monceau qu'elle a choisi ses modèles ; pourtant la scène qu'elle nous représente se passe à peu près sous les mêmes latitudes. Son *Meeting* d'écoliers se tient rue Ampère, à la sortie de l'ecole, le long d'une palissade protectrice ; il y a là une remarquable collection de souliers délacés et de chaussettes retombantes ; des gilets arrachés, des mains douteuses. Les têtes bien individuelles se devinent d'une vérité absolue, la facture est souple et facile, la coloration bien moderne. Mlle Bashkirtseff est une intelligente et courageuse artiste, une piocheuse qui, quoique toute jeune encore, a déjà su se faire un nom et forcer l'attention du public et de la critique, toujours un peu méfiante à l'égard des peintures de femmes. Nous attendons beaucoup de cette jeune étrangère qui commence à prouver déjà qu'avec elle de grandes espérances sont permises.

GILBERT.

Journal des Ar.istes. — 4 Juillet.

TABLETTES MORTUAIRES

Une nombreuse et très sympathique assistance se pressait hier, à la chapelle russe de la rue Daru, pour les obsèques de Mlle Marie Bashkirtseff, enlevée prématurément par une mort inopinée autant que cruelle.

Au milieu de la chapelle, toute fleurie de blanc, étaient les restes de la pauvre et charmante jeune fille couverts d'un vrai tumulus de roses blanches ; des fleurs partout, selon cette touchante mode russe, mode si poétique et qui semble dire que plus les larmes coulent amères ici-bas, plus il y a fête là-haut, au pays qu'habitent les anges.

Une émotion poignante semblait serrer les cœurs de tous, et, cependant ils étaient bien nombreux et bien divers ces assistants, qui représentaient toute la colonie russe, la plus pure société de France et l'élite des artistes, venus pour entourer, jusqu'au dernier moment, cette jeune sœur qui leur était ravie dès son printemps.

Le Soleil. — 7 Novembre 1884.

Une jeune étoile vient de disparaître, Mlle Bashkirtseff, nom déjà connu des artistes, qui voyaient dans ce jeune talent inné un avenir sans limites. En effet, à quel sommet ne pouvait atteindre la jeune fille de vingt-trois ans que la fortune trouvait insensible à ses dangereuses douceurs et qui, possédée d'une ardeur étrange, lui donnait tout, et lui a peut-être donné sa vie !

Ce n'est pas un art appris, mais un art senti et tout personnel, qui marque l'œuvre de cette enfant déjà illustre.

Des obsèques splendides lui ont été faites jeudi dans l'église russe de la rue Daru, remplie pour la circonstance d'un grand nombre d'artistes dont beaucoup sont célèbres.

Parmi les fleurs et les palmes qui couvraient le riche catafalque, nous avons remarqué une immense couronne de lauriers portant sur sa banderolle : *Union des femmes peintres et sculpteurs*, ce qui rappelait à tous que Marie Bashkirtseff faisait partie fle cette intéressante société.

Journal des Artistes. — 8 Novembre 1884.

LE PARAPLUIE

MADEMOISELLE BASHKIRTSEFF

Une ravissante jeune fille, dont tout Paris mondain et artistique admirait le talent, le charme et la beauté, vient de mourir, à l'âge de vingt-trois ans.

Mlle Bashkirtseff, qui était l'une des plus charmantes fleurs de la colonie russe, avait le génie de la peinture, et ses toiles, exposées aux derniers Salons, promettaient une célébrité prématurée à son jeune talent.

Dans la première quinzaine du mois d'octobre, elle était encore gaie, souriante, pleine de santé, de jeunesse, d'esprit. Elle venait de passer quinze jours à Jouy, chez la maréchale Canrobert, dont la fille était sa compagne à l'atelier Julian. Elle travaillait avec ardeur au tableau qu'elle destinait à la prochaine exposition et qui, hélas! reste inachevé. Un mal terrible, foudroyant, la phtisie galopante, est survenu, et la gracieuse, la poétique jeune fille a été enlevée en quelques jours, en quelques heures, à la famille dont elle était l'idole, à l'art auquel elle se dévouait avec une sorte de fanatisme.

Parmi les toiles que laisse la jeune artiste citons : *l'Atelier de jeunes filles*, les portraits au pastel de Mlle Dinah Babanine et du jeune fils du maréchal Canrobert, œuvres vraiment remarquables où se révélaient une vigueur de concession et une exécution magistrale bien rares.

Nous avons reproduit, dans notre numéro du 31 mai, le tableau qui figurait au Salon de cette année sous ce titré : *Le Meeting*.

Le succès de cette composition, très étudiée et rendue avec un art fort expérimenté, a été complet. Nous espérions en enregistrer de nouveaux au lieu de rendre un dernier hommage à l'artiste regrettée, en reproduisant cette tête charmante que la mort aurait dû épargner.

VÉRON.

Le Monde Illustré. — 15 Novembre 1884.

Rien n'est plus poignant que la disparition presque subite d'une jeune fille en pleine beauté, en plein épanouissement de la vie, et personne n'a été plus émue que moi en apprenant la mort de Mlle Marie Bashkirtseff.

Une de ses amies écrivait à son sujet, il y a quelques jours :

La jeune artiste russe, destinée à devenir aussi célèbre que Rosa Bonheur, avait deux cent mille livres de rentes, mais la passion de l'art, le feu sacré la dévorait. Elle travaillait quinze heures par jour. Elle a pris froid. La phtisie s'est emparée de ce corps délicat qu'un travail au-dessus de ses forces avait épuisé. En une semaine, elle est passée des enchantements de sa vie, des espérances, des joies, des chaudes tendresses maternelles, à la nuit du tombeau!

Pauvre enfant! Elle avait vingt-trois ans! Sa tête blonde aux yeux profonds rayonnait d'intelligence, son sourire gagnait le cœur. Elle était belle comme une apparition. Enfant de lumière, trop au-dessus de ce monde pour y rester! Marie Bashkirtseff avait déjà reçu au Salon une récompense. Son tableau *le Meeting* était une œuvre très remarquable et très remarquée. Elle n'aimait pas le monde où elle aurait pu briller d'un si vif éclat. Mais elle s'était attiré les plus grandes et les plus nobles sympathies. Dans cet atelier où elle passait tout son temps, où elle s'était entourée d'objets d'art, de livres sérieux, de fleurs, de sculptures, d'études, une élite de femmes distinguées semblait se donner rendez-vous; on y rencontrait la meilleure amie de la pauvre enfant, Mlle Claire Canrobert et la belle maréchale, la duchesse de Fitz-James, Mlle de Bannelos (probablement Babanine), la vicomtesse de Janzé, Mme Gavini et bien d'autres.

Marie Bashkirtseff, très instruite, causait avec l'éloquence simple d'un grand esprit. On restait surpris des pensées profondes qui remplissaient cette jeune tête.

Et rose, elle a vécu ce que vivent les roses,
L'espace d'un matin!

comme disait le poète Malherbe, il y a deux cents ans.

L'Écho. — 23 Novembre 1884.

Pourquoi cette injustice, messieurs? vous comptez parmi vos sociétaires beaucoup d'exposantes, je ne découvre le nom d'aucune parmi les membres du Comité. Pourtant, et ce fait aggrave votre exclusivisme apparent, l'œuvre la plus accomplie de votre Exposition est d'une femme: de Mlle Bashkirtseff, *les trois Rires*. Cette artiste d'avenir est morte récemment; elle avait droit à une place d'honneur parmi vous.

PINARD.

Le Radical. — 19 Décembre 1884.

Mlle Bashkirtseff, une des plus charmantes et des plus riches jeunes filles de la colonie russe à Paris, vient de mourir, emportée à l'âge de vingt-deux ans par une maladie de poitrine causée par un refroidissement.

Mlle Bashkirtseff, quoique très riche, se livrait avec passion à la peinture, et c est en prenant des esquisses, le matin, exposée au froid, qu'elle a contracté la terrible maladie qui l'a pour ainsi dire foudroyée.

Soleil. — 3 Novembre 1884.

Les trois Rires, d'une autre part, ont été remarqués. Mais, hélas ! le rire de cette composition était arrêté sur toutes les lèvres par le crêpe noir attaché au cadre. Ce triptyque est d'une jeune fille de talent, qui vient de mourir.

La Liberté. — 11 Décembre 1884.

Parmi les œuvres exposées, j'en ai reconnu d'assez nombreuses qui avaient figuré à l'Exposition des jeunes artistes; une entre autres de cette pauvre Marie Bashkirtseff, enlevée par la mort en plein talent, en pleine jeunesse: *Les trois Rires*.

LEROY.

La Presse. — 10 Décembre 1884.

Un nœud de crêpe noir piqué au bas de la toile qui porte la signature de Marie Bashkirtseff indique une œuvre posthume. C'est un triptyque intitulé: *Les trois Rires*, celui de l'enfant, de la petite fille, de la jeune fille. Il serait difficile de reconnaître, à première vue, la main d'une femme dans cette peinture ferme et vivante. La morte était une véritable artiste.

Le Rappel. — 11 Décembre 1884.

PORTRAIT DE Mlle BASHKIRTSEFF, D'APRÈS SON TABLEAU

EXTRAIT DU JOURNAL QUOTIDIEN

DE

M{}^{lle} MARIE BASHKIRTSEFF

GLORIA CUPIDITAS

..... *Tableau d'histoire?!...* autant vaut une de ces scènes habituelles de tous les jours et où le mérite sera dans l'étude approfondie des caractères... Un banc public sur le boulevard des Batignolles et même avenue Wagram, avez-vous regardé cela ? avec la vue et les gens qui passent !... — Tout ce que contient un banc ! quel roman ! quel drame ! Le déclassé avec un bras appuyé au dossier et l'autre sur le genou, le regard fuyant ; la femme et l'enfant sur les genoux. — La femme du peuple qui prime. — Le garçon épicier qui s'est assis pour lire un petit journal. L'ouvrier endormi, le philosophe ou le désespéré qui fume. Aussi je vois peut-être trop de choses ; pourtant regardez bien vers cinq ou six heures du soir . . . .

Ça y est, ça y est ! il me semble que j'ai trouvé, oui, oui !... je ne le ferai peut-être pas, mais l'esprit est en repos...... C'est comme un flot de vie qui entre..... Il y a des moments si différents, tantôt je ne vois vraiment rien dans la vie, et tantôt je me reprends à aimer tout ce qui m'entoure ! . . . .

Je me suis promenée plus de quatre heures cherchant le coin que je prendrais pour fond dans mon tableau. C'est la rue, c'est même le boulevard extérieur, mais il faut encore choisir. Heureux beaucoup d'artistes qui ne sont pas comme nous, et nous, les imbéciles, nous nous torturons la cervelle pour tâcher de rendre une parcelle d'humanité! A moi le modèle et le rideau de peluche, ou l'aurore sur un fond de nuage! Quelle horreur! Alors, direz-vous, tu crois que l'humanité ne se trouve que dans le peuple? Je ne le crois pas, et c'est du reste ce que les imbéciles reprochent aux gens de talent. Le peuple ou les rois, peu importe; mais les aurores et les sources!!!

Maintenant il est évident qu'un banc public sur le boulevard extérieur a bien autrement de caractère qu'un banc des Champs-Elysées, où ne s'assoient que des concierges, des grooms, des nourrices et des gommeux. Là, plus d'étude, plus d'âme, plus de drame! Des mannequins, à moins de cas particuliers. Mais quelle poésie que ce déclassé au bord de ce banc, là l'homme est vrai, c'est du Shakespeare.....

Me voilà prise d'inquiétude folle devant ce trésor découvert — si cela allait m'échapper, si j'allais ne pouvoir le faire, ou si le temps me manquait, si...... mais comme mon tableau est fait dans ma tête je suis tranquille............

Mon tableau est ébauché en couleur, mais je ne suis pas vaillante, il faut que je me repose souvent.....

Ce matin j'ai bien cru être sur le point de capituler, c'est à dire me coucher et ne plus rien faire..... alors tout de suite il est revenu un peu de force et j'ai encore été chercher des choses pour le tableau...

Ecoutez, si je n'ai pas de talent, c'est que le ciel se moque de moi, car il m'inflige toutes les tortures du génie!...

LA RUE

LES TROIS RIRES

AVRIL

GLORIA CUPIDITAS

LIVRE 104

Mercredi, 16 Avril, 1884.

Je vais tous les jours à Sèvres. Ce tableau m'empoigne. Le pommier est en fleurs, tout autour les feuilles d'un vert clair poussent et le soleil joue sur cette belle verdure de printemps. Dans l'herbe des violettes, des fleurs jaunes qui éclatent comme des petits soleils. L'air est embaumé, et la fille qui rêve aux pieds de l'arbre « alanguie et grisée » comme dit Theuriet. Si on rendait bien cet effet de sève de printemps, de soleil, ce serait beau !

Mardi, 25 Juin, 1884.

Il y a des moments où on se croit naïvement apte à tout. Si j'avais le temps, je sculpterais, j'écrirais, je serais musicienne. C'est un feu qui me dévore.

Mais si je ne suis rien, si je ne dois rien être, pourquoi ces rêves de gloire depuis que je pense ? Pourquoi ces aspirations ?

Lundi, 30 Juin, 1884.

Il a fallu me tenir à quatre pour ne pas crever ma toile à coups de couteau. Il n'y a là pas un coin fait comme je le voudrais ! et encore une main à faire ! Mais cette main faite il y a tout à refaire. Ah ! misère ! Non.

1883. — APRÈS LA MORT DE SON PÈRE

EXTRAIT DU JOURNAL DE Mlle MARIE BASHKIRTSEFF

Ce matin espérant ne rencontrer personne, je me risque à la salle Petit. Exposition de cent chefs-d'œuvre. Decamps, Delacroix, Fortuny, Rembrandt, Rousseau, Millet, Meissonier (le seul vivant) et d'autres

Et d'abord je fais mes excuses à Meissonier que je connaissais mal et qui n'avait que des choses inférieures à la dernière exposition de portraits. Mais ce qui m'a poussé à sortir avec mon voile de crêpe, c'est l'envie de voir Millet, que je ne connaissais pas du tout et dont on m'assourdissait. Bastien n'en est que le faible imitateur disait-on. Enfin j'en étais agacée. J'ai vu et je retournerai voir. Bastien en est l'imitateur si l'on veut... parce que ce sont des paysans tous deux et parce que tous deux sont de grands artistes et que tous les véritables chefs-d'œuvre ont un air de famille. Les paysages de Cazin se rapprochent bien plus de Millet que ceux de Bastien. Chez Millet dans les six toiles que je vois là, ce qui est beau, c'est l'ensemble, l'harmonie, l'air, la fluidité. Ce sont des petites figures vues d'une façon sommaire, très large et très juste, et ce qui rend Bastien d'une force sans égale aujourd'hui, c'est l'exécution méticuleuse, forte, vivante, extraordinaire de ces figures humaines, l'imitation parfaite de la nature, enfin la vie. Son *Soir au village*, qui n'est qu'une impression de petite dimension, égale Millet, certainement; il n'y a là que deux petites figures perdues dans le crépuscule. Je sais bien qu'il est plus difficile de donner aux grands tableaux cette enveloppe si fondue, si douce et si ferme qui caractérise Millet (mais il faudrait y arriver). Dans un petit tableau beaucoup de choses peuvent s'escamoter; — je parle des petits tableaux où l'impression domine. — On peut souvent donner ce rien et ce tout, qui s'étend à tout et qui ne se trouve précisément sur aucun point, appelé charme, avec quelques coups de |pinceau heureux; tandis que dans un grand tableau tout cela change et devient terriblement difficile, car le sentiment doit s'appuyer sur la science.

PORTRAIT DE Mlle DE CANROBERT

On n'ose déifier que les morts. Si Millet était vivant, qu'en dirait-on? Et puis on avait là six toiles de Millet, seulement. Est-ce que nous ne trouverons pas six toiles équivalentes rue Legendre? *Pamèche*, 1; *Jeanne d'Arc*, 2; *Portrait du frère*, 3; le *Soir au village*, 4; les *Foins*, 5. Je ne connais pas tout, et il n'est pas encore mort! Bastien est moins le fils de Millet que Cazin, qui lui ressemble beaucoup en plus jeune. Bastien est original, il est lui. On procède toujours un peu de quelqu'un, mais la personnalité se dégage ensuite. Du reste la poésie, la force, le charme sont toujours les mêmes, et si c'est *imiter* que de les chercher, alors ce serait désespérant! On ressent une vive impression devant un Millet: on la trouve devant un Bastien-Lepage. Qu'est-ce que cela prouve? Les superficiels disent *imitation*: ils ont tort. Deux acteurs différents, dans des pièces différentes, peuvent vous émouvoir de la même façon, parce que les sentiments véritables, humains, intenses, sont toujours les mêmes.

Samedi, 17 Novembre. — 1883

CHEZ MADAME LA MARÉCHALE DE CANROBERT

Jouy. — La campagne fait très vivement sentir la beauté des tableaux de Bastien-Lepage. C'est un grand artiste! Les Parisiens ne peuvent l'adorer, mais s'ils se donnaient seulement la peine de regarder la campagne, si grande, si simple, si belle, si poétique!...

Chaque brin d'herbe.., les arbres, la terre, le regard des femmes qui passent; les attitudes des enfants, la démarche des vieillards, la couleur de leurs vêtements s'harmonisent avec le paysage.

Jouy me fait faire de la littérature; j'en rapporte chaque fois des feuillets. Quand donc en ferai-je un livre?

12 Janvier 1884

J'oublie de dire que j'ai crevé le portrait de Dinah, ça ne marchait pas. Et rien ne fait du bien comme de détruire ses œuvres: on renaît, on est prêt à recommencer, on se sent des forces nouvelles...

Mercredi, 16 Janvier 1884

Émile Bastien-Lepage me l'a dit : Parmi de nombreux projets de tableaux, son frère a les *Bergers à Bethléem*.

Depuis deux jours ma tête a travaillé et j'en ai eu cette après-midi une vision très nette. Oui, les *Bergers à Bethléem*, sujet sublime, et qu'il rendra plus sublime encore. Oui, j'en ai eu une vision si nette et mon impression est telle, que je ne peux la comparer qu'à celle de ces bergers : un enthousiasme plein et une admiration complète !

.... C'est que vous ne pouvez pas comprendre ça ! ce sera le soir, j'en suis sûre. La fameuse étoile.... Sentez-vous tout ce qu'il y mettra de mystère, de tendresse, de simplicité grandiose !

On peut se le figurer quand on connaît ses œuvres et en établissant des filiations mystérieuses et fantastiques entre *Jeanne d'Arc* et le *Soir au village,* dont l'effet se reproduira en quelque sorte dans les *Bergers*. Non ! vous ne me trouvez pas ravissante de prendre feu pour des tableaux que je n'ai pas vus et qui n'existent pas encore ? Mettons que je sois ridicule pour la majorité ; deux ou trois rêveurs seront avec moi, et, au besoin, je m'en passerai. Et puis l'effet des *Bergers* est le même que celui des *Saintes Femmes*. Non, mais seulement parce que c'est le soir, car le sentiment est tout à fait autre. Là ce sera grand, fort, tendre, radieux, mystérieux et d'une émotion sainte et douce, d'un mystère troublant et extatique.

Chez moi, ce sera aussi le soir, mais désolé, terrible, avec une tendresse épuisée. Quelque chose s'est accompli, et la note dominante est : *Consternation*....

Allons, je suis folle d'oser me comparer à un homme de génie ; mais je ne me compare pas : je dis seulement comment je comprends le tableau que je voudrais faire....

Enfin comment faire passer, comment communiquer ma conviction aux masses ? Et pourquoi ? Est-ce que les masses ont jamais compris l'art très élevé ? Enfin, puisque vous accordez du génie à Millet, comment se fait-il ?....

Jeanne d'Arc ne fut pas comprise en France : on s'agenouille devant en Amérique !

Avril 1884

Jeanne d'Arc est un chef-d'œuvre de facture et de sentiment.
— Il fallait entendre Paris en parler. C'était une honte! Mais enfin est-ce possible que le succès aille ailleurs? Du reste est-ce que le public a aimé Millet, Rousseau, Corot? Il les a aimés quand ils furent à la mode. — Ce qui est honteux pour notre époque, c'est la mauvaise foi des gens éclairés qui font semblant de croire que cet art n'est pas sérieux, ni élevé, et qui encensent ceux qui suivent les traditions des maîtres!

Qu'est-ce donc que l'art élevé si ce n'est l'art qui, tout en peignant la chair, les cheveux, les vêtements, les arbres en perfection, de façon à nous les faire toucher pour ainsi dire, peint en même temps des âmes, des esprits, des existences! *Jeanne d'Arc* n'est pas d'un art élevé parce qu'il nous l'a montrée paysanne, chez elle, et non pas avec des mains blanches et avec une armure?

Son *Amour au village* est inférieur à *Jeanne d'Arc* : une paysanne historique comme Jeanne d'Arc.... Car enfin nous tous, n'importe qui, nous peindrions la chair, mais nous n'avons pas l'*au delà*, le souffle divin, ce qu'il a enfin! Qui donc excepté lui? mais personne! Dans les yeux de ses portraits je vois la vie de ses personnages; il me semble que je les connais. J'ai essayé de me donner cette impression devant d'autres toiles, et je n'ai pas pu.

Ce qu'il a, cet artiste incomparable, on ne le trouve que dans les tableaux religieux italiens lorsque les artistes peignaient et croyaient!

Le souvenir d'une *Adoration des Mages* de Geraldo del Potti m'est resté comme un éblouissement. Je ne me souviens ni de la facture ni des mérites académiques, mais je me souviens d'avoir vu des bergers extasiés devant l'Enfant divin et, pour tout dire en un mot, ô France peu poétique! les bergers, la Vierge, l'Enfant, et moi qui regardais le tableau, nous étions tous convaincus que *c'était arrivé*. Oui!

Faites donc croire que c'est arrivé, au public : tout est là et il ne faut rien d'autre. Pour les personnes qui me diront : « Mais comment pouvez-vous, vous, naturaliste, peindre des sujets anciens que vous n'avez pas vus? » Je leur dirai, en prenant pour exemple *les Bergers* : « Est-ce qu'il ne vous est jamais arrivé de vous trouver à la campagne le soir, seul, sous un ciel très pur, et de vous sentir troublé, envahi par un sentiment mystérieux, par des aspirations vers l'infini ; de vous sentir comme dans l'attente de quelque grand événement, de quelque chose de surnaturel ; et n'avez-vous jamais eu des rêveries qui vous transportaient dans des mondes inconnus ?.... Si non, vous ne me comprendrez jamais....

Le tout est dans le charme que je saurai donner à l'atmosphère ; oui, il faut que ce soit bien le soir, bien l'air, bien cette heure fugitive où le croissant apparaît encore très pâle et ça en grand !....

Bastien a dû faire cinquante études des bergers pour saisir son effet : eh bien, j'en ferai cent des saintes femmes.

28 Novembre. — 1883

Quel prestige étonnant ont les grands hommes, pour qu'au bout de plusieurs siècles leur vie et leur mort nous fassent frémir et pleurer ! *J'ai pleuré Gambetta*. Chaque fois que je relis l'histoire, je pleure Napoléon, Alexandre et César ; mais Alexandre est mort mal, tandis que César !...

Je ferai ce tableau pour moi, à cause des sentiments, et pour la foule parce que ce sont des Romains, qu'il y a de l'anatomie, du sang, que je suis une femme et que les femmes n'ont rien fait de classique en grand, et que je veux employer mes facultés de composition et de dessin. Je pense que ce sera très beau

Ce qui m'ennuie, c'est que ça se passe dans le Sénat, et pas au dehors. C'est une difficulté de moins, et je les voudrais toutes !...

Lorsque je sens que je m'attaque aux choses les plus difficiles je deviens subitement très froide, très décidée ; je me ramasse, me concentre et arrive beaucoup mieux que dans les travaux à la portée de tout le monde.

Il n'est pas besoin d'aller à Rome pour faire le tableau ; je le commencerai. Pourtant aux mois de mars et d'avril, le printemps donne des tons bien jolis dehors, et j'avais l'intention d'aller faire des arbres en fleur à Argenteuil...

Il y a tant à faire dans la vie, et la vie est si courte ! Je ne sais pas même si j'aurai le temps d'exécuter ce qui est déjà conçu... Les *Saintes Femmes*, le *grand bas-relief Printemps*, *Jules César, Ariane*... On se sent pris de vertige, on voudrait tout

ATELIER DE JULIAN

tout de suite... et tout se fera lentement, à sa place, avec des retards et des froideurs et des désenchantements.

.... La vie est logique.... tout s'enchaîne.

.... Je me sens de telles envolées vers les grandes choses que mes pieds ne touchent plus à terre. Ce qui me domine, c'est la peur de n'avoir pas le temps de faire tout cela. C'est un état peut-être fatigant, mais on est heureux. Aussi je ne vivrai pas longtemps : vous savez, les enfants qui ont trop d'esprit.... Et puis, je crois que la chandelle est coupée en quatre et qu'elle brûle par tous les bouts.... Ce n'est pas que je m'en vante !... . . . .
. . . .

Lorsqu'un homme de talent se maltraite c'est la preuve que c'est un vrai artiste ; mais moi, c'est parce que je vois trop clair, trop vrai, moi c'est la vérité et alors....

M. J... toujours difficile est content de ma statue qui est finie comme esquisse. Pour mon grand paysage, il le trouve bien aussi. Il prétend qu'il l'avait bien dit.

« Ça a d'abord été un peu mieux, puis beaucoup mieux, ensuite très bien, et nous touchons au moment où ça sera *tout à fait bien.* » Et tu n'es pas folle de bonheur ? Non ! Pourquoi ? Parce que ce n'est pas mon opinion, parce que je ne suis pas *moi-même* très contente. Je voudrais faire mieux. Ceci n'est pas scrupule d'artiste de génie.... c'est.... je ne sais quoi, enfin !....

Aussi, le travail est-il une lutte lassante, que redoutent et que chérissent les belles et puissantes organisations, qui souvent s'y brisent.

Un grand poète de ce temps se disait en parlant de ce tourment : « Je m'y mets avec désespoir et je le quitte avec chagrin. »

Que les ignorants le sachent, si l'artiste ne se précipite pas dans son œuvre comme Curtius dans le gouffre, comme le soldat dans la redoute sans réfléchir, et si, dans ce cratère, il ne travaille pas comme le mineur enfoui sous son éboulement, s'il contemple enfin les difficultés au lieu de les vaincre une à une, à l'exemple de ces amoureux de féeries qui, pour obtenir leurs princesses, combattent des enchantements renaissants, l'œuvre reste inachevée, elle périt au fond de l'atelier. Mon Dieu, les ignorants ne comprendront pas davantage, mais ceux qui sont des nôtres trouveront dans ces lignes un enseignement saisissant. une consolation, une force!....

INTÉRIEUR D'UNE BOUTIQUE AU MONT-DORE

11911. — Imprimerie A. Lahure, 9, rue de Fleurus, à Paris

www.ingramcontent.com/pod-product-compliance
Lightning Source LLC
Chambersburg PA
CBHW070258100426
42743CB00011B/2260